Harri Stojka

Kaum zu glauben.
Musiker- und andere G'schichtln

www.editionkeiper.at

© edition keiper, Graz 2018
1. Auflage März 2018

Coverillustration und Illustrationen Innenteil: Harri Stojka
Layout und Satz: textzentrum graz
Autorenfoto: Sabine Hauswirth
Druck und Bindung: Christian Theiss GmbH
ISBN 978-3-903144-50-7

Harri Stojka

**KAUM ZU GLAUBEN.
MUSIKER- UND
ANDERE
G'SCHICHTLN**

im taxi.
ich: »sechzanta beziak bidde!«
er: »okay.«
fährt richtung ring.
ich: »mia miassn z'ruck ... foische richtung!«
er: »i waas wo da sechzante iis ... sie aunscheinand need!«
fährt richtung ring.
ich: »sie foan in de entgegng'setzte richtung!«
er: »saan sie aus wean??«
ich: »jo!«
er: »daunn miassns doch wissn woos daham saan!«
ich: »waunn i heit noo haam wüü, miassns sufuat umdrahn!«
er: »nau guad ... waunns unbedingt in easchtn woin ... ?!«
er dreht um, fährt richtung gürtel.

als ein erbostes mädchen bei einem gig der rotzpunkband
– wo ich spielte – rief: »aufhean … mia haum eeh a
eenagiekrise!«, rief unser sänger zurück:
»oide, du hoosd a eenagiekrise im hian!«

einmal kam tatsächlich eine halbe stunde vor dem gig
der veranstalter und sagte fassungslos:
»mia miassn in gig oosoogn!«
darauf ich: »warum denn um gott's wüün?«
darauf er: »es saan zvüü leit doo!«

die folgende geschichte hat mir ein kollege erzählt.
ein drummer spielte totalen mist ... verhaute jede eins ...
spielte hirnrissige breaks ... schmiss das arrangement, mit
einem wort ... er hatte keine ahnung von dem song!
der bandleader stellte ihn zur rede.
»woos schpüüst'n fia an schwoochsinn zaum?!«
antwort: »i mooch dees oobsichtlich!«

ein typ sagte:
»harree ... mia saan jo beide weana ... du schaust zwoa
need so aus, auwa soboid'st in schlaapfn aufmoochst, iis
ollas kloa!«

unlängst auf einem gitarrenkoffer gelesen:
»ich war ein guter gitarrist,
doch seither spiel ich nur noch mist!«

dialog in einem musikgeschäft:
»haum sää a yamaha?!«
»jahama!«

beim würstelstand unterhielten sich zwei und es entstand
folgendes – ungewolltes – wortspiel:
»heeast loisl … gib da deem mit da knaackwuascht sei
wuaschtgnack!«

im taxi.
das radio lief.
plötzlich:
»und nun ›somebody like you‹ von harri stojka, der
demnächst in …«, (er nannte die location), »… live zu
hören ist!«
der taxler: »woos? dea leebt noo??«

zu einem freund sagte ein typ:
»du bist need so bleed wiast ausschaust …!«
darauf mein freund:
»doo hoob i diia geg'nüba aan vuatäü … du bist nämlich
genau so bleed wiast ausschaust!«

in einer religiösen tv-sendung sagte ich:
»für mich beziehen sich die aussagen jesus' auf das ›jetzt‹
… nicht auf das ›nachher‹.«

die achtziger waren hart!
als es bei einem open air schüttete, sagte ich zum
veranstalter:
»doo keenn ma auba need schpüün … !«
darauf er:
»schteeck au iis schtromruada und fiedl … waunnst aan
schtromschloog griagst, moochst wenigst amoi in dein
leem a bühnanshow!«

geistiger erguss eines akteurs einer serie:
»ich bin ein erwachsener mann und kapitän eines schiffes
… da muss man zu seiner glatze steh'n!«

ein freund im wirtshaus: »haum sää a gulasch?«
»jo.«
»hoods flaaxn?«
»naa.«
»nau, daunn wüü iis need!«

ich stand im supermarkt mit einem packen toilettenpapier bei der kassa.
ein typ:
»jöö … daa schtoika … geeh, gibst ma a autogramm auf a rooin klopapia?!«

ein freund (der gerade aus amerika zurückkam) sagte:
»pfauu, i hoob aan möada jetlag … keenst du dees aa?!«
darauf ich:
»oida … i hoob scho aan jetlag, waunn i in dee kuchl geeh!«

ein interviewer:
»harri … du bist ja schon etwas älter … was ist der unterschied zu früher?«
meine antwort:
»friia hoob i mi aufs fuatgeeh gfreiit – heiit gfreii i mi aufs haamgeeh!«

meine mutter hat mal gesagt:
»dee politika soitn liaba ins bood geeh … dee moochn olle aan bauchfleeck!«

auf der straße ein typ:
»heeast … du schaust in schtoika ähnlich!«
darauf ich: »i waas!«

gitarristen werden in wien auch »griffbreedlputza« genannt!

folgenden dialog bekam ich zufällig mit:
»wea schpüüt heit??«
»da schtoika!«
»wea??«
»da schtoika.«
»wea??«
»DA SCHTOIKA!«
längere pause.
»schpüüt heit da schtoika?!«

meine schwestern sangen sehr lange in meinen bands.
als eine nach einem gig von einem typen blöd
»angemacht« wurde, sagte sie:
»du kummst nedamoi duachs telefon in mei wohnung!«

ein veranstalter fragte mich nach einem gig, wer mein
lieblingsgitarrist ist.
ich: »daa django reinhardt … keennst deen?«
er: »kloa … dea hood jo vuarige woochn
bei uns gschpüüd!«

trennkoost, spuat, diätntricks,
jojo-effekt und g'nutzt hoods nix!
doo loob i ma in wöt'nraum – duat iis zwoa ziemlich cool,
auba 's g'wicht iis duat foost null!

auf meine frage an einen veranstalter, welches meiner
projekte denn gewünscht sei, antwortete dieser:
»dees entscheidet daa gemeinderood!«

jaa … die mädls!
ich spielte mit einem zeugler, der war eine echte schönheit!
nach einem gig kam ein mädl zu mir und sagte:
»eig'ntlich genügats, waunn nua da zeigla schpüün dääd!«

einleitung eines interviewers:
»harri … du spielst doch so quasi gitarre!«

noch eine »abblitz-story«, auch aus den achtzigern.
ich zu ihr: »hoosd noochn gig zeit?«
sie: »naa.«

mädchenstorys? hier ist eine!
ich nach einem gig in den achtzigern:
»gemma auf aan drink??«
sie: »geehd dei boossist aa mit??«

in einer location.
ich: »haum sää aan kaffää?«
der kellner: »kaffee fällt nicht in unsere kernkompetenz!«

ich sagte zu unserem roadie:
»geeh, schtööst mein vastäaka bidde auf dees podest
doo drüüm!«
darauf er:
»froog wem aundan ... oda iis dees a befäähl?«

ich schildere euch jetzt die bescheuertste frage, die mir je
gestellt wurde!
ein freund von mir, der hatte ein »goldenes herz«, aber im
kopf ... absolute mattscheibe!
er fragte:
»harree ... saan dee indiana deswegn rod, wäü amerika
näha bei da suun is??«
ich zerkugl mich heute noch!

ein interviewer fragte mich einmal:
»warum spielst du gitarre? … da steckt doch was dahinter!«

ein gitarrist – ein schönling, der offenbar nur deswegen
auf der bühne stand, um möglichst vielen mädchen den
kopf zu verdrehen – lieferte folgende ultracoole aktion:
er machte während eines songs einen ultracoolen schluck
vom wein und dämpfte ultracool seine zigarette aus –
nur: er verwechselte beides, soll heißen, er warf die
zigarette ins weinglas und zog an vom aschenbecher!

Noori Styla 18

ich möchte euch eine story erzählen, die vielleicht ein
bisschen betroffen macht – aber ihr sollt sehen, dass es in
meinem leben nicht immer »lustig« zugeht!
nach einem gig kam ein typ und sagte zu mir:
»du bist zwoa a zeegeina, auwa du schpüüst leiwaund …
deswegn ibasich i dees!«

nach einem gig sagte ein arzt:
»harree … mia moochn a kompensationsg'schäft …
du zaagst ma ›donna lee‹ und i nimm da dafia dee
maundln ausse!«

im stadionbad.
ich sitze am beckenrand, plötzlich taucht ein typ
prustend auf ... sieht mich und sagt: »woos moochst'n
du doo ... hoosd du kaa schwimming buul?!«

ein typ, der bei uns fliesen verlegte, hörte mich üben.
er kam ins zimmer und sagte:
»i schpüü ziehhamaunika!«
ich: »moocht nix!«

ich bin kein großer fan von anzügen, aber ich spiele oft
zu anlässen, wo das halt angesagt ist! ich geh also im
»zwirn« vor dem gig eine rauchen, raus auf die straße.
da kommt ein typ im schlossergwandl und sagt:
»nau ... heit a in da hacklapania?!«

wir spielten ein kleines privatkonzert in der wohnung
eines freundes. plötzlich stehen zwei polizisten – von
wegen ruhestörung – im zimmer! wir hören natürlich
sofort auf, da sagt einer der beiden:
»herr schtoika, bevuas aufhean, schpüüns bidde noo
a liad!«
wir spielten für sie »bei mir bist du scheen«.
das waren sehr coole cops!

nach einem konzert im salzburger dom kam ein ami und
sagte (auf englisch):
»sehr cool … wer bist du? wie heißt du?«
ich sagte: »harri stojka!«
darauf er: »wow … dein gitarrenstil wird an unserer
musikschule in den staaten unterrichtet!«
das freute mich sehr!

als wir noch in mariahilf wohnten, nahm ich öfters,
immer von demselben postler, die post entgegen!
eines tages sagte er verärgert:
»sää saan andauand daham ... waunn oawaatn sää
eig'ntlich??«
darauf ich: »i hackl in da noocht!«
darauf er: »saan sää a noochtwoochta?!«

einmal hatte ein installateur bei uns was zu reparieren.
während er arbeitete, hörte ich john mclaughlins »birds
of fire« – ziemlich wildes ding übrigens.
plötzlich stand er (midn roahzangl in da haund) im
zimmer und sagte wütend:
»und sowos hean sää iin gaunzn toog??!«

einmal sagte eine dame zu mir:
»bei mia woas umgekheat … doo hood si da prinz in aan
froosch vawaundlt!«

eine dame meines alters sagte mal zu mir:
»i hoob seinazeit need mein mau, soondan sein aunzug
g'heirat!«

die philosophie eines freundes war folgende:
»üübst vüü – hoosd kaa zeit fia maadln!
nimmst daa zeit fia maadln – üübst nix!
oiso … geeh ma zum wiatn!«

ein kollege fragte auf der bühne einen von der stagecrew:
»hoosd du a klinknkaabee? meins hood aan woogla!«
die antwort: »wüüst dii aufhäänga??!«

wir spielten eine ballade, da rief ein typ dem drummer zu:
»heeast ... zaah au auf deina schiassbuudl, i wüüs schääbban hean!«

auf die frage, ob ich noten lesen kann, ist meine standardantwort:
»jo ... banknot'n!«

es war ein eiskalter tag. regen, windböen, das volle
programm. noch dazu ein open-air-gig! ich bin auf der
bühne in meinem »showgwandl« fast erfroren …
plötzlich kommt jemand aus dem publikum und hängt
mir seine daunenjacke um … das hat mich »gerettet«!

einer »meiner« bassisten bestellte im restaurant
folgendes:
»aan oogschdiaztn gummioodla mit geeläändekääks!«

soll heißen: brathuhn mit pommes frittes!

gestern hat mir ein kollege folgendes erzählt:
ein musiker kommt nach dem gig in die garderobe und
sagt zur band:
»dees midn eessn iis gekläat … ees gibt kaans!«

ein moderator sagte mich einmal folgendermaßen an:
»und nun, meine damen und herren, begrüßen sie mit
einem riesenapplaus … the one and only …«
er dreht sich zu einem bandmitglied und fragt:
»wia haasst dea?«

ein wort zur bandmotivation vor einem gig.
voller vorfreude sagte ich:
»buaschn … in zehn minutn schpüü ma. yeaa …
i gfreii mi!«
ein musiker (voll motiviert):
»geeh ma liaba woos saufn …!«

wir hatten bei einem gig einen song total »vernichtet« …
während dieses fiaskos rief unser entnervter sänger in
unsere richtung zurück:
»woos iis los mit eich idiotn …?!«
pech war nur, dass er das mikro in der hand hatte!

ich spielte an einer uni und wurde unfreiwillig zuhörer,
als zwei professoren vor meinem plakat standen und
feststellten: »heute spielt der stojka??«
»ja.«
»das kommt einer gefährlichen drohung gleich!«

glaubt mir … wenn ich in ein café oder sonstwo hingehe,
schaue ich, dass ich möglichst irgendwo in einem eckerl
in ruhe meinen kaffee oder was auch immer trinken
kann.
ich sitz also in einem café (im hintersten eckerl) und
trink einen espresso … plötzlich steht ein typ beim tisch,
sagt »draah need so eine!« und geht.

und als ein typ sagte: »poock de glaumpf aus und hauu
oowe in oost!«,
brauchte ich eine zeit, um zu wissen, was er meint!
mit »oost« (ast) ist die hand gemeint, die den rhythmus
schlägt … darauf muss man erst mal kommen …!

und ein ganz vifer ließ mich wissen:
»nur der rhythmus animiert die leute zum tanzen!«
da traf mich die erkenntnis wie ein keulenschlag!

ein freund und kollege verlor leicht die nerven, als er
während eines solos über »donna lee« (im höllentempo)
von einem »tschickfäätn« mehrmals lallender- und
anstupsenderweise gefragt wurde: »wüüsd a biia??!«

ein freund und kollege, der oft dabei war, wenn mich so skurille typen ansprachen, sagte: »harree, du bist wia a magnet fia dee gehianamputiatn!«

unglaublich ... ich hab doch die »beatles-tribute-cd« rausgebracht! unlängst fragt mich ein typ auf der straße: »warum iis doo need ›sädisfägtschn‹ drauf?!«

ja ... die girls!
einmal fragte mich ein mädchen: »mooch ma a foto??«
ich: »kloa!«
sie drückt mir ihr handy in die hand und sagt: »wo iis da drummer?!«

einmal sagte ein typ:
»schpüüts woos vom häulatn woif!«
ich: »vo' wem?«
er: »nau … vom häulatn woif … waast eh … ›wenn i
wäk ab diis moaning‹ und so …«
er meinte den bluesmusiker »howlin wolf«!

folgender dialog am stillen örtchen vor einem gig:
»daa schtoika? … dea iis doo schoo siebzg!«
darauf sein freund: »mindaastns!«
ich war 35!

der gitarrenstar saß nach einem gig mit freunden im club,
plötzlich wurde er von einem typen angepöbelt!
der gitarrenstar stand auf und schrie zu seinen freunden:
»hoits mi zruck … hoits mi zruck oda ees passiat woos …!«
keiner hielt ihn zurück!
er setzte sich und sagte kleinlaut: »warum hoit mi
niemaund …?!«

ein weltklassebassist sagte nach einem gemeinsamen gig:
»pfauuuu harree … heit haum ma gschpüüd wia noo nie
… nämlich guad!«

ein paketbote (zu mir): »ein paket für sie, herr meier.«
ich: »i haas need meia.«
er: »bitte unterschreiben sie hier, herr meier.«
ich: »dees iis a iatum … i haas schtoika.«
er: »brauchen sie was zum schreiben, herr meier?«
ich: »sie … i haas schtoika, need meia!«
er: »sie sind nicht der herr meier??«
ich: »naa … s-t-o-j-k-a !«
er: »bitte vielmals um entschuldigung …
auf wiedersehn, herr meier!«

ein typ auf der straße: »heit hoob i dii im radio kheat!«
ich (freudig): »echt? … woos 'n?«
er: »dei instrumentalversion von ›junge, komm bald wieder‹!«

ich spiele seit einiger zeit mit funkgerät, soll heißen, kabellos!
nach einem gig kam ein typ und fragte:
»wo kriagt ma so unsichtboare kaabeen?!«

beim heurigen.
ich frage den chef, wo wir rauchen dürfen.
der chef weist uns einen raum zu: »doo kennts rauchn!«
ich: »okay … thx!«
wir sitzen und rauchen. da kommt die kellnerin (eine resolute person): »doo iis rauchvabot!«
ich (verschüchtert): »auwa da chef hood gsogt …!«
darauf sie: »woos daa chef soogt, iis wuascht!«

ein typ nach einem gig:
»kaunnst dii eainnan? … mia haum uns vua 30 joa am heisl troffn!«
ich: »kloa. gaunz genau … (?)!«
er: »nau … waast noo wiari haas?!«
ich riet: »wickal.«
er: »naa … da wickal iis nem uns g'schtaundn …!«
ich: »oije … i kaunn mi nimma eainnan … wia haasst'n?«
er: »wickal.«

auf der straße ein typ:
»bist du need da schtoika??«
ich: »jo.«
er: »geeh … liag need!«
ich: »i liag need.«
er: »i glaub da ka wuat!«
ich: »waunn i da soog …!«
er: »einedrahra!«
ich: »okay … du hoosd recht. i haas fridolin krochatscheck!«
er: »pfauu … dea iis jo vüü berühmta!«

ich fragte einen musikerkollegen:
»übst du regelmäßig?«
darauf er: »eher mäßig geregelt!«

ein produzent:
»daa schtoika iis unproduziaboa … dea moocht
woos a wüü!«

mir persönlich ist es ja lieber,
meine frau wirft mir etwas vor als nach!

einmal schrieb ein journalist:
»harri stojka … das urgestein der wiener jazzszene!«
ich war 24.

mein freund, bei dem gerade renoviert wurde, übte
während der arbeiten.
ein arbeiter hörte das und sagte:
»i schpüü banjo!«
darauf mein freund: »dees iis dei problem!«

als ein gitarrist ein solo spielte, rief ein »weana maadl«:
»heeast oida … schau da need beim schteeam zua!«

im studio!
der produzent sagte:
»harree … dees iis zu schee, woos du schpüüst … schpüü
woos aundares, 's kaunn ruhig oa…… klinga!«
ich spielte etwas, das richtig oa…… klang!
darauf der produzent:
»dees geed need … dees klingt oa……!«

ich mag die, die sich nichts gefallen lassen – und da sind unsere »weanarinnan« top!
als nämlich eine von den »unsrigen« uadeppat von einem typen belästigt wurde, sagte sie:
»geeh … leeg dii untan tisch und böö!«

als mich mal ein typ wegen meiner abstammung blöd anmachte, antwortete ich: »das sind subeklektizistische refraktionäre divergenzalternative stereotypen einer gehirnlosen masse! man sollte mehr chaostheoretische kompetenzen an den tag legen … das würde ich auch dir vorschlagen!«
ich hab zwar keine ahnung, was das heißt – aber es hat gewirkt!

ein musiker sagte hochnäsig zu einem »weana maadl«:
»di leute soogn, ich schau aus wia dea sting!«
darauf sie:
»jo … wia daa schtink schaust aus!«

ein kollege:
»schtöö da vua harree … gestan haum ma in aan
restaurant gschpüüt … waast wo ma aukündigt woan? …
auf daa schpeiskoatn … glei nooch'n kaas!«

ein deutscher großveranstalter belehrte mich:
»musiker müssen hungern.«
(er bezog da natürlich auch musikerinnen mit ein!)

auf bali wurde ich immer für carlos santana gehalten.
irgendwann fing ich einfach an, entnervt zuzustimmen:
»yes … i am carlos!«

ich saß ungefähr einen meter entfernt von der p.a., als ein
heavy-metal-guitarrero ins mikro brüllte: »ois nua a frooge
da einstöllung!«, den volumen-regler seines amps auf 10
drehte und einen powerchord losließ … in E!

ich wurde mit hansi lang zusammen interviewt.
frage des redakteurs: »habt ihr schon mal bei einem
open-air-konzert gespielt?«

der sogenannte »produzentenknopf« bewirkt nichts … ist also nur dekoration! auf der gitarre ist dieser knopf jener des pick ups, der nicht in betrieb ist.
okay … im studio stand der produzent vor mir und sagte: »dee gitaa klingt aafoch oa……! mooch iagendwoos oda i hoi wem aundan!«
darauf ich: »warum soogst dees need glei? … mia gfoid dea sound eh need … pass auf …!«
ich drehte besagten knopf zwei mal hin und her und spielte mit exakt demselben sound weiter!
»nau?? … woos sogst?«
darauf er: »nau endlich!«

ein typ wollte mir auf der straße meine high jogging tennisschuhe abkaufen!

eine der belehrungen meines lebens:
»ein richtiger ton kann nicht falsch sein!«

die folgende story kam sogar in die zeitung! auf
vielfachen wunsch schildere ich sie nochmal … also:
ich war nominiert für den amadeus-music-award!
ich stehe unter all der prominenz und darf nicht hinein
… man kannte mich nicht.
ich: »ich … äh … bin nominiert … mein name ist … !«
darauf sagte jemand, der's wissen hätte müssen:
»sie kennen wir nicht … machen sie platz!«
das ging einige male so hin und her. plötzlich fährt ein
fiaker vorbei und sagt zu seinen fahrgästen:
»hier sehen sie harri stojka, einen der bekanntesten
musiker österreichs!«

ein cue ist ein zeichen auf blickkontakt, z. b. für einen
einsatz oder den beginn eines solos. ich gebe bei einem
gig also einen cue … keiner reagiert … ich probiers
nochmal … keine reaktion … inzwischen war der song
leicht fiaskös!
nach dem gig frage ich: »woos isn heit los mid eich??«
antwort: »wia soin mia wissn woos d' maanst, waunnst
de sonnanbrün aufhoosd?«
tja … ich hatte vergessen, dass ich eine aufhatte.

ein deutscher plattenproduzent sagte mir einst folgendes:
»stell dir ma' vor du bist 'n joldfisch in nem aqarium
… jetzt kommt dein problem … du schwimmst in alle
möglichen richtungen … schwimm doch ma' nua in eene
richtung!«
ist unglaublich, aber wahr … bis heute weiß ich nicht,
was er gemeint hat!

ein gitarrist lamentierte kurz vor dem gig:
»i sch…… drauf … i schpüü heit need … kaan ton!«
darauf sein freund, absolut kein musiker:
»heeast, zah au, oda i ziag ma an eadäpfesoock au und
schpüü schtott dia!«

ein gitarrist sagte zu einem anderen gitarristen:
»oida … du schpüst irre … du bist afoch da grösste,
deen i jemois gheat hoob … geeh … trogst mei gitaa ins
auto?«

ein musiker stieg vollbesoffen in paris in ein taxi und gab
seine heimatadresse an.

eine band fuhr vollbesoffen nach einem gig nach hause!
plötzlich schreit einer: »jeezt liiinks!«
der fahrer bog sofort links ab und …
fuhr in eine hauswand.
gott sei dank ist aber nix passiert.

einem gitarristen passierte bei einem solo folgendes:
zuerst flog ihm das plektrum aus der hand, er bückte
sich, stieg aufs kabel, riss es aus der gitarrenbuchse, verlor
dabei seine brille und dann ging das licht im saal aus …
ende der geschichte!

einem jazzveranstalter, der sagte »du passt ned recht in
unsa programm!«, antwortete ich: »nau gott sei daunk
hoob i nooch montreux passt … fünf moi!«

einmal besuchte ich eine picasso-ausstellung.
ich betrachtete gerade ein tolles bild, als eine dame der feinen gesellschaft hinter mir sagte: »was will denn der hier?«

einmal kam ein typ und fragte (provokant): »keennst du ibahaupt an duadreiklaung?!«
ich sagte: »eh kloa, 1-3-5.«
darauf er: »bläädsinn ... woos hood 135 mit aan duadreiklaung z'tuan?? ... schau hea ... so geehd dees!«
er nahm seine ziemlich demolierte gitarre, fetzte drei mal auf die leeren saiten und sagte:
»deeees iis a ›duadreiklaung‹, vaschteehst?!«

jose feliciano sagte mich immer wie folgt an:
»and now harri stojka … better known as perestroika!«

lärmbelästigung:
es gibt elektronische drums, da hört man unverstärkt …
nichts! ich hab so eines in meinem kleinen studio …
okay … unser drummer übt sich mit kopfhörer ein …
plötzlich steht ein alter mann mit gehstock im raum …
haut wie wild auf die gummi hi und schreit:
»a ruah muass sei!«

mitte der achtziger verwendete eine deutsche baufirma
meinen song »bau no woos au« als werbejingle!

nach einem chaka-khan-konzert stand zu lesen:
»harri stojka jubelte chaka khan zu!«
so ein pech … ich war gar nicht dort!

new york
zuerst waren unsere betten bereits okkupiert, dann haben
wir auf der brooklyn bridge mit 80 sachen das geländer
»gestreift«, des weiteren spielte wer völlig anderer statt
uns … obwohl wir angekündigt waren … beim einzigen
gig, der hingehaut hätte … open air auf einem dach …
war ein jahrhundertunwetter in new york. dann sollten
wir für eine band die backline schleppen, ich zwickte mir
bei der heisltia alle fünf finger ein und als draufgabe fiel
mir ein riesenfernseher auf dee haxn!

stellt euch meine stolzgeschwellte brust vor, als ich im
teeniealter die chance bekam, als studiomusiker auf einer
ganzen LP die sologitarre zu spielen.
als ich ein exemplar frisch aus dem presswerk bekam,
versammelte sich die ganze familie. ich legte, mit vor
aufregung roten wangen, die LP auf.
wir lauschten … nach einiger zeit sagte mein vater: »dees
bist auba need du, bua!«
er hatte recht … das war nicht ich … meine solos waren
alle gelöscht worden!

er zog sich »in da fäätn« die schuhe aus und stellte sie …
in den eiskasten!

noch eine komische story … und wieder ein typ auf der
straße:
»dii kenn i eh … du schpüüst beim schtoika!«

während ein maurer die wand bei uns anbürschtelte,
sagte er:
»dee meistn musika haum vo' hamonileare ka auhnung
… dee wissn need amoi, woos daa grundton vom ›d‹ is!«

wir ließen früher musiker, die sich harmonisch noch
nicht so gut auskannten, manchmal wie folgt einfahren:
»schpüü ma billies bounce.«
»in … äh … welcher tonart?«
»nau in da originaaln – cis dur mit des im boss!«

guad iis gaunga, nix iis g'scheeng
kaana hood woos schiaches g'seng
nua need eagan, liaba looch'n
's negste moi hoid bessa mooch'n.

»harree … du bist jo boid sechzg.
glaubst du aa, daaß ob neinafufzg geistige kapazität'n
valuangengan?«
darauf ich: »wia oid bist'n?!«

reden ist silber.
schweigen ist blech.

beim greißler:
»zwööf deka leebakaas bidde!«
greißlerin:
»mia haum nua ööfe!«

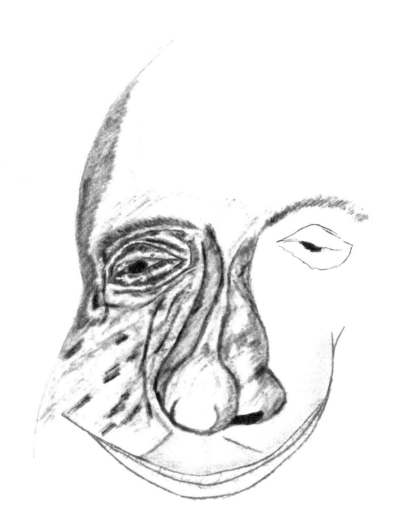

ein typ auf der straße:
»harree… du bist wia da florian grün!«
ich: »wea??«
er: »da florian grün …!«
ich: »wea is'n dees??«
er: »waasst eh … dea woos need ööta wiad!«
ich (nach längerem nachdenken): »maanst du in dorian gray?«
er: »hoob i eh gsoogt … nau jo … in dein oita heead ma nimma so guad!«

ein typ zu seinem freund:
»geeh ma in prooda!«
»wieso? wüüst dii ois waatsch'nmauu beweeam?«

im tv geseh'n!
krieger zu häuptling:
»ich sah frau des großen häuptlings am horizont verschwinden!«
großer häuptling: »gott sei dank!«

beim greißler:
»a wuaschtseemme' bidde!«
greißler: »mit leebakaas?!«

stand einmal so in der zeitung:
»am 8. april spielt starri hojka in linz …!«

ein foto mit viel prominenz.
der fotograf:
»harree … schtööst dii bidde rechts??«
gesagt, getan!
»harree … geeh liaba in dee mittn!«
gesagt, getan!
»harree … dees iis a need guad … schtöö dii bidde links!«
gesagt, getan!
»dees wiad nix … waast woos, harree? … geeh ibahaupt aus'n büüd!«
gesagt, getan!

gerade gehört:
»frau beschwert sich in schwefeltherme
wegen geruchsbelästigung!«

in der trafik:
ich: »a packl marlboro bidde!«
der trafikant: »wüüst da need liaba a grooßgloockna ins
g'sicht schteeck'n??!«

gelesen:
»leberkässemml war scheidungsgrund!«

auch gelesen:
»mann kämpfte im alkoholrausch mit straßenlaterne!«

frage des interviewers:
»harri, verspürst du als roma einen natürlichen
fluchttrieb?«
meine antwort:
»bei solchen fragen schon!!!«

A: » i waa aa gean a politika … alla scho wegn daa diät'n.«
B: » i mooch aa grood aane …!«
A: »woos??«
B: »a diät!«
A: »faungst scho wieda au?? … i reed von vagütungan … zum beischpüü iis ess'n wiad eana zooit!«
B: »echt? … i hoob imma g'laubt, dee gengan midn menaaschreindl ins palament!«
A: »nau dees schauat liab aus … während aana debatte pock'ns iis menaaschreindl aus …!«
B: »doo hädns wenigstns woos z'tuan!«

A: »dee ironie iis a waunsinn!«

B: »jo … dee iis fesch!«

A: »wea …??«

B: »dee sidonie!«

A: »soog amoi … hoosd du aan geehöaschoodn?? … geeh amoi zum uanoatzt!«

B: »wieso?? … mei uhr funktioniat taadllos!«

A: »i maan doch ironie … etwos soogn, woos aundares maana und eawoatn, daaß dee leit iis richtige vaschteen … vaschteehst?«

B: »dees haasst … waunn i a gulasch beschtöö, auba aan schweinsbroodn wüü, daunn bringt ma daa ooba aan schw…«

A (fällt ihm ins wort): »a gulasch!«

B: »und fia dees brauch i a fremdwuat??!«

A: »i ois künstla bin völlig autonom!«
B: »nau jo … waunn du duat a hiigeehst! … i zum beischpüü griag imma kopfwäh davau!«
A: »von woos!?«
B: »autodrom!«
A: »mein goott … bei diia iis hopf'n und moiz valuan!«
B: »guad dasd' mi eainnast … geeh ma auf a bia!«
A: »wohii??«
B: »in prooda!«

A: »jo … dea komponiat!«

B: »iis dea a baua?«

A (erstaunt): »warum??«

B: »nau … wäü du soogst, ea kompostiat!«

A: »… dea schreibt opaan!«

B: »kompostiat dea aa fia junge leit?«

A (schreit): »KOMPONIAT!«

B: »schrei need … dees kaunn mei oide bessa … dee komponiat aa!«

A: »echt? … woos'n??«

B: »dee reiinfoige daa reind'ln, dees ma noochhaud!«

A: »kaa wunda!«

B: »schoo a wunda … i hoob ia iis züüfeanrooa weggnumma, auba sie trifft trootzdem!«

A: »vasuch's mit eloquenz!«

B: »wieso? hoob i mundgeruch??«

A (erledigt): »jo … deswegn muass i jetzt leida geeh … ciao!«

B: »pfiat dii …!«

A: »wien iis a weltstadt!«
B: »stimmt … a wööd-stoodt!«
A (schreit): »naaa …!« (beruhigt sich), »mia schpüün
    im intanational'n konzeat mit!«
B: »wo? im konzeathaus? gibts noo freikoat'n?«
A: »fia dii imma … im nooanhaus!«
B: »duat schpüüt's aa??«

die flipperkugel!
in einem lokal sah ich das:
ein vollbesoffener wollte aufs wc, auf dem weg dorthin
rammte er die bar – bekam einen rechtsdrall – rammte
einen tisch – bekam einen linksdrall – rammte einen
pfosten – bekam einen rechtsdrall – rammte noch einen
tisch – stieß im linksdrall die tür auf und verschwand am
heisl!

auf die frage: »woos hood'n dees koost??«, antwortet ein freund immer:
»nau mindastast'ns waunn need noo mea!«

B: »red ma iba politik??«
A: »mir zwa …?«
B: »iis sunst noo wea do??«
A: »okay … woos wüüst wiss'n??«
B: »wia moocht si a finanzpolitik??«
A: »gööd hea!«

B: »supa … jetzt wiads wieda woam … doo kau ma si in aan schanigoat'n setz'n und aun nix denk'n!«

A (belustigt): »dees diaft jo fia dii kaa problem sei!«

B (aufgebracht): »i denk vüü … zum beischpüü, daaß ma jetzt aa scho fia expearimente brenna muass … sogoa in da roostschtation auf da autobauhn!«

A (erstaunt): »wia kummst'n auf dees scho wieda??«

B: »nau geeh amoi auf a öff'ntliches wc … doo wiast schee schaun!«

A (platzt der kragen): »du maanst exkre …« (beruhigt sich) »… weg'n diia griag i noo aan neav'nschoock!«

B: »beruhig dii und trink a bia … naa liaba need, sunst schnooast mi noo um a klaagööd au. du waast … dee expearimente!«

der radiosprecher:
»der französische staatspräsident charles de gaulle … äh … verzeihung … falsches jahrtausend …!«

die einen glauben, alles ist vorbestimmt.
die anderen glauben, alles ist zufall.
i glaub … i geeh auf a bia!

einer meiner freunde verrichtete eine völlig sinnlose arbeit.
ich sagte: »oida! … dees iis a sisyphusoabeit, checkst du dees need?«
er dreht sich zu mir und sagt: »woos hood'n dee sissi midn fuass?«
(meine schwester heißt sissi)

ein maler wurde gefragt:
»warum malen sie kein fresko?«
antwort:
»i hoob kaa zeit wäü i jetzt fress' go!«

ein mann, dessen frau ihn jahrzehntelag sekkiert hatte
(»rauch need, sauf need, iss need sovüü …), rief ihr eines
tages völlig entnervt in die küche nach:
»waunn i mit neinzg schtiab, wiast sogn: ›siegst as …
i hoobs da glei g'soogt!‹«

ein maroniverkäufer:
»sea's harree… wiavüü bäämaaln wüüst'n?«

ein radiosprecher (im winter):
»guten morgen … heute ist ein tolles badewetter!«

ein typ auf der straße zu mir:
»gestan woast in daa zeidung!«
ich: »jo.«
er: »in da zeidung woast!«
ich: »jo.«
er: »waast eh daasd' gestan in da zeidung woast!«
ich (leicht irritiert): »i waas!«
er: »schtöö da vua … i blaaddl in da zeidung, und wem siich i? … dii!«
ich (entnervt): »okay … woos iis drinn g'schtaund'n?«
er: »woos waas 'n i … i hoobs need g'lees'n!«

ein typ bestellte beim greißler:
»zwaa lita brot und a kilo bia!«

einmal sagte ich vor einem konzert zu einem freund:
»heit kumman sicha vüü leit!«
darauf er: »keennst du iis ööfte gebot?«
ich: »naa …«
darauf er: »du sollst dich nicht täuschen!«

frage an musiker (interview):
»wie viele noten spielst du pro takt?«
antwort: »sovüü einepass'n.«

grad gesehn … ritterfilm!
ritter (kniend) zum könig:
»mein schwert gehört euch und frau könig!«

frage an einen philosophen: »was ist philosophie??«
antwort: »woos waas'n i!«

im wirtshaus.
ein betrunkener zum zeitungsverkäufer (lallend):
»zoin bidde …!«

in der u-bahn.
ein angeheiterter typ mit einem doppler steigt ein und
ruft laut und vernehmlich:
»wea wüü mitsauf'n?«

man behauptet, ich hätte ein haus in der toscana.
woos mooch i duat? – do 's kaana!

eine zeitungsmeldung.
ein großindustrieller wurde gefragt, warum bei seinem
unternehmen die verkaufskurve steil in den himmel ragt.
antwort: »man kann von einem veritablen
klomuschelboom sprechen!«

grad gesehn.
bei einer vernissage. frage an den maler:
»was dachten sie sich, als sie dieses bild malten?!«
antwort: »ob dee eijanoockaln scho featig saan!«

zwei außerirdische:
»keenst du dee eadn??«
»nua von hintn!«
»woos haasst dees??«
»i fliag nua waunns finsta iis vabei!«
»warum??«
»i wüü kaan segn!«

ein satz mit »adonis«:
»a-don-is z'wenig.«

mitternacht beim wirten.
»haum sää noo a küche?«
»nau sicha, oda glaum s' mia haum in eingaung
zuag'mauat??«

im supermarkt.
eine ältere dame: »aa keebalaasseemml bidde!«
verkäuferin: »was wünschen die dame??«
die dame: »aa keebalaasseemml soog i!«
verkäuferin: »meinen sie eine leberkässemmel??«
die dame: »nau eh …!«

gestern fragte mich ein typ:
»heeast harree… kennts need a tschääss veasion vo'
›jo mia saan dee lustig'n hoizhoockabuam‹ moochn?«

mein enkerl (6 jahre):
»die kokosnüsse leben im dschungel.«

nach einem gig kam ein typ und sagte zu mir:
»wow, harree … i hoob noo nia so aan guadn keyborder
wia dii gheat!«

eine junge frau teilte ihrer bekannten voll freude mit:
»negste woochn heirat i!«
darauf die bekannte:
»supa … wea iis dei trauazeuge?!«

ein typ sagte provokant:
»du kaunnst sicha need in ›humm'lflug‹ … doo wäät i!«
darauf ich:
»eh need … auba du kaunnst sicha aan oobflug!«

1979 spielte ich auf peter schleichers stones-cover-LP
»hart auf hart«. so bekam ich kontakt zur plattenfirma
wea, die meine erste solo-LP »off the bone« produzierte
(1980). soundproducer war thomas rabitsch. irgendwann
während der aufnahmen saßen ich und mein freund im
studio herum und blödelten … ich nahm die gitarre und
fing an, den später zur hymne gewordenen satz »bau no
woos au« zu improvisieren … mein freund fiel darauf
sofort mit »i bin scho gaunz rauchig« ein …
der produzent hörte begeistert zu und sagte:
»dees nehm ma sufuat auf.«
darauf ich:
»dees kummt ibahaupt need in froge …
niemois!«
darauf er:
»waunn ma dees need aufnehman, pfeiff i d'rauf!«
und der rest ist geschichte!
dass gerade dieser song der hit dieser LP wurde, versteh
ich bis heute nicht!

zwei freunde unterhielten sich:
»i hoob aan kooda!«
»jöö liab … vom tiaschutzvarein?«
»naa … vom sauf'n!«

da sagte doch tatsächlich ein typ zu mir:
»harree … i loon dii auf a buanheidl eii … auba du breennst!«

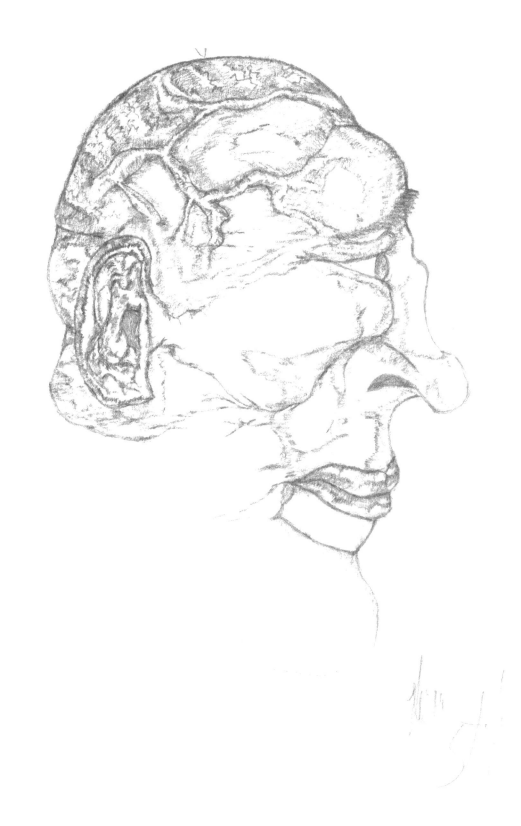

mein freund sagte einmal:
»i schreib grood a buach … ees haasst ›g'scheida geehd's nimma‹!«
ich: »wievüü seit'n hoosd'n schoo?«
er: »kaane … mia foid nix ei!«

als ich umzog, halfen mir ein paar freunde …
einer stand da mit einem hammer in der hand!
ich sagte: »pass auf, dees iis zabreechlich!«
er machte eine schwungvolle bewegung mit dem hammer
und fragte gleichzeitig: »woos … dees doo??« und krach!
– unabsichlich, aber dennoch: 1000 splitter!

ein kollege sagte: »i waunda aus!«
ich: »wohii?«
er: »nooch mariahüüf!«
(er wohnte in fünfhaus!)

mein freund sagte entnervt zu einem typen,
der ihn belästigte:
»oida … du bist aussa deppat nua deppat!«

ihr kennt doch sicher »fantomas«.
da glaubte ein freund, der heißt …
»van thomas«.

ich philosophierte:
»waast … dee fensta zua wöd muass ma aufmoochn!«
darauf ein hawara:
»auba zeascht muass maas puutz'n!«

frage eines guten bekannten:
»harree … hood ›dekadenz‹ woos mit hiinicha kredenz
z'tuan??«
da fiel mir nichts mehr ein!

einmal wurde ich gefragt:
»harree … woos is'n a fresko? hood dees woos mit fressn z'tuan?«

als wir wieder mal zusammensaßen, sagte ich zu einem bekannten: »schau … fias aussehn kau ma nix dafia … wichtig is, wie man ist!«
darauf er: »auba nix gedünstetes bidde … dees hoss i!«

ich habe einen guten freund, der ein bisserl »einfach gestrickt« ist.
einmal fragte ich ihn:
»woos iis da untaschied zwisch'n mental und emotional??«
antwort: »dees kummt auf dee gewüaze au …!«

folgender dialog mit einem guten freund:

ich: »gemma?«
er: »wohii??«
ich: »iagendwohii!«
er: »wo iis dees??«
ich: »woos?«
er: »iagendwo!«
ich: »schau ma amoi!«
er: »saan maadln duat??«
ich: »wo??«
er: »nau ... iagendwo!«
ich: »i glaub need!«
er: »schood ... okay ... gemma!«
ich: »wohii??«
er: »iagendwohii!«

(lachanfall)

einmal war ich von der blöden frage eines freundes so
genervt, dass ich ihn haareraufend anschrie:
»naa, naa, naa … populismus hood nix mit popmusik
z'tuan!«

als ein bekannter von einem typen belästigt wurde, sagte
er leicht genervt:
»heeast … mooch a luftlooch, du kneedlimitation!«

ein typ zu mir: »harri … du bist doch halbroma … da
kennst du zumindest zur hälfte die mentalität deiner
volksgruppe!«
worauf ich mich mit dem götzzitat verabschiedete!

ich sagte zu einem hawara:
»waast … wichtig im leem is, amoi öfta aufsteeh ois ma umghaut wiad!«
darauf er: »dees kummt d'rauf au!«
ich (erstaunt): »auf woos'n?«
er (dachte lange nach): »… i waas need!«

ich erklärte einem befreundeten kollegen:
»waunnst a parlamentaria wean wüüst, brauchst a mandat!«
darauf er: »aa schtroofmandat?«

einmal fragte ich meinen freund:
»geeh ma ins kino?? ›2001 odyssee im weltraum‹.«
darauf er: »iis dees a cowboyfüüm??!«

ein freund glaubte, »kroketten« sind kopfwehtabletten!

ein typ sagte:
»vaschtehst! … doo hängan sa si a jimi-hendrix-plakat
aun dee waund und glaum, deswegn schpüüns bessa …
fia maunche reichat a leebakaas!«

ein bekannter:
»schood, daaß in ›bonanza‹ need daa john wayne
mitschpüüd!«

mein freund: »harree … woos haasst ›futurologie‹?«
ich: »zukunftsforschung!«
er (grinsend): »geeh … liag need!«

ich sagte zu einem freund:
»gemma heit ins kunsthistorische museum??«
darauf er:
»naa, i muass raumschiff entapreiis schaun!«

mein freund, der durch meine schilderungen auf
facebook zur kultfigur geworden ist, fragte mich
eines tages: »harree … ›semantik‹ hood woos mit da
heaschtöölung vo' seemmeknedln z'tuan, göö??!«

ich informierte einen guten freund:
»waast eh … wean iis dii dreehscheim da spionage … dee
meistn geheimdienste wickln bei uns eanare aktionan oo
… mia weean rund um dee uua beeboocht, vaschtehst?!«
darauf er: »jo … i waas … dees hood daa james bond a
gsoogt!»

ein bekannter fragte mich:
»harree … waunn i vom süd'n in noad'n fliag, iis ma zeascht haas und daunn koid … auba woos is, waunn i vom ost'n in west'n fliag?«

ich versuchte mit einem guten bekannten über maler zu reden.
ich: »waast du woos a van gogh weat iis … unbezoiboa!«
er: »jo … dee moohla und aunschtreicha vadiinan si deppat!«

einmal trat pierre brice in einer fernsehshow auf, zufällig sahen wir diese!
ein freund: »wow … i hoob goa need g'wusst, daaß da winnetou a franzos' is!«

ein maadl fragte ihre freundin:
»wööch'n häädasd liaba ... in blond'n oda in brünett'n?«
antwort: »am liabst'n häädad i a schnitzlseemml!«

ein maadl sagte zu ihrer freundin:
»heit besuch i sämtliche fäätznmuseen in wean!«
die freundin: »woos moochst?!«
das maadl: »nau shop'n geeh i!«

wieder was neues gelernt: »fäätznmuseum«
(gemeint sind bekleidungsshops!)

bei einem konzert rief ein bereits angeheiterter gast:
»schpüüts ›wodaholodarooo‹!"
ich: »woos wüüst?«
er: »›wodaholodaroo‹ soits fidln, auba zack, zack!!«
ich: »dees keen i need!!«
das ging einige male so hin und her.
als es brenzlig wurde, kam der veranstalter auf die bühne
und flüsterte mir ins ohr:
»ea maant ›what a whole lotta love‹!«

Harri Stojka, geb. 1957 in Wien, entstammt einer Lovara-Roma-Dynastie. Jazz-Gitarrist, Komponist, Arrangeur, Bandleader und Sänger. Begann seinen musikalischen Werdegang als Autodidakt. Die Teilnahme am legendären Jazzfestival Montreux brachte den Durchbruch zu seiner beeindruckenden Weltkarriere. Seither regelmäßig Headliner bei Jazzfestivals und Konzerten weltweit (Paris, London, New Delhi, New York, Detroit, Jakarta usw.). Zahlreiche Preise und Auszeichnungen. Harri Stojka engagiert sich immer wieder in Projekten, die dem Gedenken und der Aufarbeitung von Roma-Schicksalen gewidmet sind. Lebt in Wien. www.harristojka.at

Harri Stojka & Walter Schmögner in der edition keiper:

**a guada tog oder
a zprackta braucht kaan karakta**

MundART: Texte von Harri Stojka,
Illustrationen von Walter Schmögner

112 Seiten, Broschur mit Schutzumschlag
€ 25,00 (A) / 24,32 (D)
ISBN 978-3-902901-99-6